目 录

本书赞誉 01

深度导读 25

英伟达成为一家伟大公司背后的"道" 27
持续创新30年：从显卡配套到AI最大赢家 29
领跑AI时代的芯片巨头：英伟达的进化之路 33
寻找正确的非共识：中小科技公司的突围之路 35
英伟达的成功有偶然也有必然 42
英伟达的技术破局之道 45
金融赋能科技和技术驱动资本增值的完美范例 47
黄仁勋的"纯粹的意志力" 49
理解英伟达，理解科技行业的兴衰更替 54

本书赞誉

THE NVIDIA WAY

（排名不分先后）

克里斯·米勒
畅销书《芯片战争——世界最关键技术的争夺战》作者

这本书记录了英伟达在科技领域登顶的辉煌历程,并精彩论述了创始人黄仁勋为何称得上历史上伟大的CEO之一。作者通过深入调研和百余次采访,揭示了英伟达如何在AI芯片领域建立了近乎垄断的地位,并成长为全球最具价值的公司。这本书是理解人工智能崛起和英伟达核心地位的必读之作。

摩根·豪泽尔
畅销书《金钱心理学——财富、人性和幸福的永恒真相》作者

这本书堪称当代最非凡的商业故事的权威之作。

马修·鲍尔
畅销书《元宇宙改变一切》作者

这本书描述了全球最重要公司之一的引人入胜的历史,揭示了其取得卓越成就的根本原因。作者巧妙地呈现了英伟达的辉煌成就与艰难时刻,同时深刻展现了其创始人、科学家及团队独特的理念、动力与远见。

张亚勤
中国工程院院士，清华大学智能产业研究院（AIR）院长

英伟达的整个崛起历程是新科技时代的一个发展映射，在人工智能大爆发的背景下，英伟达用颠覆性技术点亮了整个产业发展的算力之光。英伟达对芯片技术的研发、对技术潜力的商业化转变以及对产学研各界的联动推广值得企业、院校和科研机构学习。

蔡树军
中国电子科技集团公司某研究所所长，集成电路与微系统全国重点实验室主任

如果想了解英伟达为什么能成功，这是一本必读书。尽管成功的企业都不可复制，但成功的企业都有一个共同点，那就是成功的企业都有一位卓越的领导者。所以这也是一本关于黄仁勋的书，他的领导力、商业智慧和战略眼光造就了英伟达。值得推荐阅读。

朱民

中国国际经济交流中心副理事长

世人惊叹于英伟达的市值连连登上世界第一的宝座，我更尊重黄仁勋坚韧的长期主义，强大的内心意志力，远大的视野和谦卑的内敛，相信自己和相信未来的超然自信。这本书从大局着眼，从细节入手，技术性和人文性相得益彰，将人物和历史娓娓道来，是一部激荡风云的人类科技史诗。在世界科技创新风起云涌、高潮迭起之际，这本书很值得阅读。

黄奇帆

重庆市原市长

当前，人类正在快速进入数智技术成为通用技术的新时代，算力已成为衡量一个国家科技实力和产业竞争力的关键指标之一。这本书不仅展示了科技企业如何通过技术创新和自主研发，在全球算力领域取得领先地位，更为我们提供了在全球科技竞争中保持竞争力的宝贵经验。创新是企业的生命，也是国家竞争力的根本，需要有战略耐心，需要聚焦和专注。英伟达的成功，在于其持续十几年深耕GPU高性能计算。这种坚持和韧性，值得中国企业学习和借鉴。

贾康
华夏新供给经济学研究院创始院长，中国财政科学研究院研究员

数字经济发展在实践中要落到数实融合，而数实融合就要对应到创业投资上，给予它实质性的支持。日新月异的科技发展在全球化的资本市场上表现得极为清楚：1917年市值前10位的公司，清一色是实体经济的传统大企业；1967年时已经有半导体与电子工业概念，跃升为第一位的是IBM；到了2017年，前5位是清一色的数字经济企业——苹果、谷歌、微软、亚马逊和脸书；2024年是英伟达冲到第一，据报道，"摩尔定律"已经被英伟达的科技创新突破了。这本书详细介绍了英伟达如何突破创新极限，以及创新和投融资之间的相互成就关系。支持创新的"直接融资、创业投资"已经成为投融资界在历史使命概念上、社会责任概念上都必须抓住的关键词。尤其是我国在追求以新质生产力支持的高质量发展方面，要以制度创新带出科技创新、管理创新、投融资机制创新，还要伴随思想观念的创新，从而带来整个供给体系质量和效率的提升。相信读者会从这本书中得到相关借鉴与启发。

赵璐
中国科学院科技战略咨询研究院重大任务管理集成部副部长、研究员

英伟达的发展历程，伴随着技术革新的浪潮和市场鏖战的跌宕，既见证和推动了三十多年来芯片的快速发展，也充分展现了黄仁勋前瞻性战略谋划和建立独特企业文化的经营之道。对科技大势的敏锐把握、长期坚持创新、广纳人才以及面对困境时的韧性与内省等，都是值得不同行业或专业的企业家、研究者等学习的成功之道。感谢作者、译者和中信出版社为我们带来这本书。

陆雄文

复旦大学管理学院院长、博士生导师

黄仁勋是勤奋的天才，是有智慧又敢于冒险的英雄！他领导英伟达历经劫难，从弱小发展为 AI 时代的引擎，从初创到行业巨头的 30 多年历程就是一次英雄之旅。黄仁勋将东方文化中的勤奋与坚韧，与西方教育培养出的技术专长和创新能力有机融合，不仅塑造了他的领导风格，也深刻影响了英伟达的企业文化，他展现出非凡的战略前瞻性和灵活性，同时又以稳健治理使英伟达保持螺旋上升状态。英伟达成功之道是管理赋能科创之道，管理的最高境界在于如何在最高标准与最高效率之间取得平衡。黄仁勋做到了，所有想追随黄仁勋或想模仿他的企业家、管理者都应该认真读一读这本书。

张军平

复旦大学教授、博士生导师，中国自动化学会普及工作委员会主任

英伟达的成功起始于助力电脑游戏的图形渲染，其 GPU 显卡的强大并行计算能力在深度学习热潮中对人工智能的发展产生了巨大影响。它的成功既来源于并行计算的通用性，又与它坚持长期研究和投资，并努力将这一过程进行商业化息息相关。它还反映了公司文化对成功的重要性。正如黄仁勋所说，成功需要韧性。伟大和聪明无关，而是来自由乘风破浪和逆水行舟的经历塑造而成的品格。这本书详细地向读者介绍了英伟达创业、创新的历程以及其中的失误与破茧重生，揭示了这些经历背后所蕴含的英伟达的企业文化，通俗易懂，非常值得一读。

尹烨

华大集团 CEO，生物学博士

英伟达的第一款 GPU，即 Geforce 256（内部代号 NV 10）问世已经 25 年了，而彼时还在大学的我，终究没舍得买下这块神器显卡。在人工智能大热的当下，GPU 作为"硬通货"也走入了千万人的视野。一个做硬件的公司，已然问鼎全球市值第一，是因为制造先进，是因为生态开放，还是因为特殊的创始人或 CEO？英伟达的英雄终究还是创造了属于他们的时势：为游戏而生的 GPU，如今已经成为先进科学的生产力工具，堪称长期主义胜利的最佳典范。

肖风

中国万向控股有限公司副董事长兼执行董事，HashKey 集团董事长兼总经理，上海万向区块链股份公司董事长和万向区块链实验室创始人

大概是因为英伟达 GPU 芯片太过耀眼，以至于普罗大众对英伟达的了解都停留在 AI 芯片层面，对于基于英伟达 GPU 的软件开发架构 CUDA 则视而不见。AI 时代的英伟达 GPU+CUDA 软硬件架构，非常像当年互联网时代英特尔与微软的 Wintel 联盟，软硬兼施，珠联璧合！这才是英伟达的"护城河"，也是英伟达之道的根本所在。

傅盛

猎豹移动董事长兼 CEO，猎户星空董事长

我曾在公司内部的 Weekly Meeting 上与同事们分享，黄仁勋在英伟达内部曾力排众议，坚持聚焦于 GPU 业务，并通过一系列前瞻性的战略决策，使公司避免了业务分散的风险，从而在图形处理和人工智能领域取得了巨大的成功。他的一系列重大决策包括：果断带领英伟达进入 PC 游戏市场（放弃 PC 主板设计与销售）、快速迭代提升产品性能引领 GPU 市场、推动 CUDA 系统的开发与推广以及放弃移动市场。在风起云涌的商战中，黄仁勋是一个传奇。这本书是对他的致敬，也是一份启发读者思考和行动的指南，展现了不断探索和创新的价值。

刘润

润米咨询创始人

这本书全面揭秘了英伟达如何在重压之下，从零开始打造一个全新的、没有前景的软件生态，十年如一日般进行投资研发，形成强大的软件生态壁垒，最终收获复利，在 AI 大潮来临之时，抢占了整个市场。"英伟达之道"不仅是企业管理之道，更是市场搏击和战略规划之道。英伟达对未来市场的研判、笃信和坚持，值得企业管理者学习。希望大家读过这本书后，所有的抉择、努力、准备，也都能被划时代的"运气"引爆。

李迅雷
中国首席经济学家论坛副理事长

英伟达已成为当今人工智能时代最典型的代表，其市值超越苹果，一举成为全球市值最高的公司。从通用电气到微软再到苹果，最后到英伟达，这分明就是人类历次科技革命的变迁史。这本书的作者长期跟踪英伟达的成长变化历程，通过对黄仁勋等 100 多位公司内外精英进行长期采访，揭秘了英伟达的成功之道，多维度剖析了黄仁勋在战略布局、人才管理和应对危机等方面的独到之处。英伟达的创业过程蕴含诸多人生哲理，我读后大为受益。

但斌
深圳东方港湾投资管理股份有限公司董事长

在 scaling law 的双轮驱动下，人们发现可以从"预训练模型规模"和"推理时长"两个方面，不断提升 AI 模型的"直觉"和"推理"能力，带领全人类进入 AI 时代。而时代背后的引擎，正是英伟达所提供的性能快速迭代的"并行计算"加速能力。CUDA 的深沟高壑、行业望尘莫及的迭代速度，以及一体化的集群能力，使得英伟达在改变世界的同时能不被世界改变。这也是东方港湾选择公司的核心理念所在。

王庆
重阳投资董事长

作为新一轮人工智能浪潮的领航者，英伟达重塑了芯片设计与产业未来，为整个市场带来了颠覆性产品，也为投资人带来了超额收益。这本书不仅从英伟达的成功经验中总结出了一套企业管理的思想体系和方法，还指明了人工智能行业未来的投资方向，值得科技和投资领域的相关从业人士阅读。

管清友
如是金融研究院院长、首席经济学家

英伟达从最初专注于电脑游戏市场到逐步发现并拓展加速计算应用，再到改变整个算力范式的宏大愿景，整个过程耗时长达30年。作为引领人工智能革命的核心芯片供应商，英伟达享有极高的声誉。然而为了成就今天的地位，它经历了漫长的探索过程。这本书极为生动地呈现了英伟达如何凭借卓越的技术洞见和对未来的执着追求，从一家默默无闻的小公司蜕变为当代科技圈的宠儿。作者不仅勾勒出英伟达传奇的战略图景，更为企业家和管理者提供了宝贵的实践启示——以远见卓识把握市场机遇，引领技术变革，最终成就一个时代。

任泽平

经济学家，泽平宏观创始人

人工智能浪潮已至，大模型—数据—算法—算力—芯片快速迭代、爆发式增长，而 GPU 点燃了人工智能的火焰。这本书介绍了英伟达如何 ALL IN GPU，以及黄仁勋那颗勇敢的"芯"，光速推进，更强更快，第一性原理。谁将成为下一个英伟达？如何抓住人工智能的机遇？这本书开卷有益。

洪灏

思睿集团首席经济学家，中国首席经济学家论坛理事

这本书是一部启发思考且激动人心的佳作，深入探讨了英伟达如何在黄仁勋的带领下，从一家小公司发展为引领全球科技创新的巨头。这本书详尽描述了黄仁勋的成长经历和领导哲学，展现了他在技术前瞻性和企业战略方面的独到见解，正因如此，英伟达在人工智能、深度学习和图形处理领域屡创佳绩。这本书不仅对黄仁勋的创新精神加以讴歌，还通过丰富的实例，展现了他对细节的执着和对未来的远见。尽管这本书对英伟达在行业中的竞争挑战着墨不多，但它依然为读者提供了洞悉科技创新和卓越领导力的难得视角。如果你希望了解当今最前沿的科技力量及其背后的领导人物，这本书无疑是一本很好的学习范本，也是一本读起来充满悬疑感和起伏感的精彩读物。

武超则
中信建投证券研究所所长兼国际部负责人、董事总经理

从信息化时代到智能化时代，AI大模型作为智能化时代的"操作系统"出现，将大幅加速数字化、智能化应用落地。"算力"作为智能化时代像"电力"一样的战略基础设施，也将伴随大模型训练、AI应用推理的爆发式需求获得确定性收益。在产业趋势已经非常明确的前提下，我们更需要思考的是：英伟达为何能在竞争激烈的算力领域一骑绝尘？未来它的护城河到底在哪儿？中国的"英伟达"会是谁？这无疑将为我们未来的创业和投资带来很好的启发。

谢超（星爵）
向量数据库企业Zilliz创始人兼CEO

这本书是一部全面解读全球芯片巨头成长历程的权威著作，深刻剖析了黄仁勋及其团队如何凭借卓越的战略眼光、技术创新和顽强韧性，成功实现从濒临破产到行业巅峰的惊艳逆袭。自2018年起，Zilliz与英伟达建立了长期深度合作关系。作为Zilliz的创始人，我有幸多次与黄仁勋先生交流，他的远见卓识和卓越领导力令人敬佩。这本书不仅全面揭秘了英伟达的成功之道，更为每一个致力于创新的企业提供了宝贵的战略参考。无论是技术从业者、企业管理者还是科技爱好者，相信都会从中获得深刻启迪！

顾维灏
毫末智行联合创始人兼 CEO

一直以来，英伟达都是芯片领域的独特存在。在发展历程中，英伟达不仅能未雨绸缪、提前布局，还能在每次新的技术需求引爆之际，快速跟进并占领市场制高点。最终，英伟达从一家图形处理公司成长为自动驾驶和人工智能大模型的计算底座。这些成就背后就是这本书所总结的"英伟达之道"，它值得每一位企业管理者和创业者参照学习。

朱旭东
上海浦东科技投资有限公司董事长兼总裁

这本书详尽描绘了英伟达从初创到登顶全球市值巅峰的非凡旅程，不仅展现了英伟达企业文化的独特魅力及其敏锐的战略眼光，更凸显了黄仁勋以独树一帜的勇气魄力，在无人区探索时的坚韧不拔和面对挑战时的果敢反击。吾辈同人，当以此为鉴，汲取"他山之石"，勇于不断突破。愿诸君读之，有所感悟，站在"半导体巨人"的肩膀上，在半导体浪潮中搏浪前行！

刘新华

高榕创投投资合伙人，快手原首席增长官，《增长》作者

到目前为止，英伟达毫无疑问是人工智能时代的最大赢家之一。从孕育GPU到推出强大的护城河CUDA，再到AI时代站在浪潮之巅，英伟达总能够领先时代做投入和研发，在残酷激烈的竞争中创造卓越。这本书通过大量的细节回溯英伟达的发展历程，从中总结只属于英伟达的独特文化、组织方式和工作原则。我们看到一家已经站在山顶的公司如何对抗熵增，对抗群体思维和惰性；追求创新，也极力严谨；永远看向未来，也绝不浪费当下的每时每刻。

杨鹏

腾飞资本管理合伙人

1956年，罗伯特·默顿·索洛提出"技术进步是经济增长的主要动力"，这一观点持续且日益显著地在主要经济社会中生效。近年来，信仰科技近乎成为一种选择和潮流，这本书的两个关键主体"英伟达、黄仁勋"即是其中的代表。我们作为科技工作者对英伟达这艘科技巨轮和它的船长黄仁勋充满了好奇心，但很少有书籍去洞察他们的"激荡三十年"，因此也就难以总括把握如何"是"和如何"不是"英伟达，而这是参考映照中最重要的识别。相信这本书能使读者，特别是中国的科技企业家、创业者，最终抵达"N+1"的高度。

盛国军
海尔卡奥斯首席技术官

对于那些想要更多地了解人工智能世界的人来说，这本书是一座灯塔，它提供了基于人工智能创新创业的"英伟达之道"。人工智能的未来具有巨大的变革性，正在从生活、娱乐、办公等转向工业制造等高精度领域，工业智能体从人工经验转向数据智能，基于数据挖掘分析，从数据中获取提升效率和产品质量的新经验；从产品生产到产品创新，企业利用从产品设计到销售的数据协同，以及产业链上下游数据协同，创造新的竞争优势。这本书旨在让读者深入了解持续塑造世界的变革性技术。

樊登
"樊登读书"创始人

黄仁勋和他的团队绝对是工作狂。如果你不迷恋你的工作，你就绝对做不好它。他做了30多年的CEO，直接领导60多位高管。开会时欢迎各种人旁听，当着所有人的面痛斥任何让他不满的人。他反对一对一的谈话，因为太浪费时间，而且容易造成信息壁垒。公司里的人都应该知道老板的每一个意图，而真正的老板，永远是客户。人工智能的崛起是英伟达自己也想不到的好运。但在非视觉领域应用的长期耕耘是黄仁勋一直以来的坚持所在。所以，我们只能足够努力，等待好运降临的一天。

曾航

军武科技 CEO，知名财经作家

黄仁勋所处的是一个忧患意识很强的行业，这个行业竞争激烈、更新迭代快，所以在英伟达的管理文化中，从头到尾都贯穿着对研发效率的极致追求。比如，英伟达有独特的"白板文化"，公司开会不喜欢华丽的PPT，而是要求发言者在一块白板上把事情讲清楚，结束后就把白板擦掉，永远向前看。再比如，英伟达独特的"五大事项"电子邮件法，要求电子邮件必须有5个要点，每个要点必须是动词开头。黄仁勋在管理中倡导信息的高度透明和高效流通，在公司内部拒绝客套，而是鼓励沟通甚至辩论，这对于一家技术驱动型公司来说至关重要。这本书翔实地记录和还原了英伟达的创业历程和企业文化，相信每一个被创新困扰的管理者，都可以在书中找到自己的灵感。

陈为

正和岛总编辑

作为目前全球最耀眼科技公司的传记，这本书完整讲述了这一非凡组织的创业与进化过程。创始人黄仁勋在东方与西方、昨日世界与未来世界的交融碰撞中创造了一个奇迹。对于经营者而言，不仅能从书中领略这家企业由其独特经历所塑造的企业文化，还会发现英伟达所映射的卓越企业的一些普遍规律：找到一群千里马，当好他们的伯乐；领导者带头塑造一种简单、专注于事、极度自律与勤勉的文化；善于在挫折与逆境中修复自己，并得到快速进步与成长……大道，即是捷径。

杨静
新智元创始人

英伟达已成功登上全球市值最高公司的巅峰，成为 AI 时代最耀眼的路标。这本书复现了黄仁勋跌宕起伏的创业奇迹。作者从黄仁勋在美国肯塔基的奥奈达浸信会学院扫厕所的少年时代写到英伟达在联排别墅里的白手起家，从专攻 3D 图形的 GPU 异军突起到 CUDA 铸就强大生态。黄仁勋以"光速"领跑 AI 时代，英伟达特有的白板文化和使命感更促成深度学习硬件的大爆发。没有 GPU 就没有 AGI——黄仁勋未来有可能成为任职时间最长的伟大 CEO。AGI 正改变人类未来，我们应先睹为快。

张一甲
甲子光年创始人兼 CEO

英伟达转向人工智能的发展，可能是史上最引人注目的商业转型之一。黄仁勋作为其创始人兼 CEO 成功地将英伟达从一个新兴细分市场的参与者转变为全球市值最高的公司之一，领导英伟达从多次濒临破产中逆势上扬，不断取得关键性技术突破，最后在人工智能芯片领域建立近乎垄断的地位。要创造像英伟达这样的公司，需要持久的耐心和韧性。正如书中所说，这种成功不是一蹴而就，而是酝酿了 30 年。

万维钢
科学作家，得到 App《精英日课》专栏作者

这是一个教科书式的科技人才创业故事。不同于乔布斯的极端个性和马斯克的第一性原理，黄仁勋的英伟达走的是一条更典型的道路。首先，你必须拥有最强的技术，你不仅要正好身处能让那个技术实现的环境之中，还得拥有独特的创造性和冒险精神。其次，那个技术必须符合当前市场的需求，能助力某个屹立潮头的应用。最后，要想让成功长远，你必须有自己的护城河并且建立一个相当开放的生态系统。这些说起来容易，但处处都是矛盾：既要技术超群又要符合实际，既要被众人喜欢又得是你特有的，既独占又开放。为了做到这些，你必须找到人、找到钱、找到合作伙伴的许可。这样的事情每天都在硅谷发生，这里有规律，这里也有教训。

李翔
"详谈"丛书作者，播客《高能量》与纪录片《激流时代》主理人

这本书里的黄仁勋是一个恪守着硅谷传统的老派 CEO：他相信长时间工作才能达到卓越，相信组织的扁平化和快速反应，相信"context, not control"，竞争欲望极强，认为"第二名就是第一个失败者"。黄仁勋是一个科技行业的颠覆者，同时也是一个相信常识的老派 CEO。

张国仁

科技产业媒体智东西联合创始人、总编辑

英伟达凭借什么超过微软和苹果公司,成为第一家市值超 3.6 万亿美元的公司?这本书给了我们答案。显然,英伟达不是在风口躺赢的公司,英伟达的成功是过去 30 多年孜孜不倦挑战技术极限的结果,英伟达的成功也是强大的技术团队、优秀的团队文化、坚定的战略路线,以及有着顶级战略眼光又极度勤奋的领导人四维一体、共同加持的结果。难能可贵的是,英伟达现在做的与 30 多年前三位创始人开始创业时所做的仍然是同一件事,那就是不断打造更好的图形处理器。

张小珺

腾讯新闻科技主笔,播客《张小珺 Jùn ｜ 商业访谈录》制作人

英伟达有着许多反直觉的管理方法,这本书细致翔实地展现了黄仁勋对英伟达的管理细节。一位专注于战略组织研究的人曾经告诉我,产品结构会受制于一个组织的沟通结构,这就是著名的"康威定律"的要义。你会看到,英伟达的组织架构就像它所设计的产品一样,是分布式操作系统,而 CEO 无处不在,"就像一台 GPU"。

陈茜
硅谷 101 联合创始人

作为这轮生成式 AI 浪潮的大赢家，英伟达的成长史毋庸置疑是每位创业者和科技从业者都应该了解的。作者用生动的语言和扎实的采访，还原了黄仁勋带领英伟达崛起的故事：不仅有成功的高光，还有失败的教训，而更重要的是他如何通过这些经验建立了一支如此高效的创新舰队，如何构建了对竞争对手来说难以跨越的护城河。在阅读过程中，读者不仅能了解图形革命和整个 GPU 芯片的市场生态，还能感受到黄仁勋这位科技领袖身上可贵的硅谷精神：韧性、对前沿技术的远见、大胆押注、超常的领导力与执行力，以及对商业的敏锐性。

刘世英
"总裁读书会"创始人、总制片人，"总裁读书会"全国领读者联盟理事长

与苹果、特斯拉极具个性的企业文化不同，英伟达公司就像一个全优生，英伟达有着卓越的会议管理制度、扁平敏捷的组织架构、实事求是的工程师文化，还有那位永远全力以赴的大 boss 黄仁勋先生。尽管被玩家略带宠溺地称为"牙膏厂"，但英伟达早年就凭借过硬的产品质量和微机生态在游戏圈快速占领市场并成为标杆龙头企业，而后来英伟达的 CUDA 和 AI 芯片商业化之路则像是上天对努力的奖赏。但当读者翻开这本书后就会理解，如果你也在一个看似不可能的未来科技行业耕耘，几十年如一日以最高的标准面对市场、面对技术、面对产品、面对团队并坚韧地推动和完成每一天的事项，坚持不懈，你终将体会英伟达式的成功和黄仁勋式的逆袭。

吴晨
《经济学人·商论》原总编辑，晨读书局创始人

英伟达之所以能成为 AI 时代最火爆的弄潮儿，因为它的创始人黄仁勋是一个善于从市场细微变化中发掘未来趋势的企业家，一位兼具技术能力和管理实力的 CEO，一名勤奋敬业的终身学习者。在他的领导下，英伟达成为一家能兼顾短期机会和长期策略，能在内部不断孵化"登月计划"，又能有效将其快速商业化的伟大的公司。这本书讲述了黄仁勋和英伟达的成功故事，同时也一再提醒职业经理人，在技术带来的指数型变革中，传统的管理需要如何迭代。

潘乱
知名科技博主，"乱翻书"创始人

科技"考古"是我非常喜欢的研究方式。科技公司当前的表现，往往由历史中几个关键节点所塑造。英伟达作为全球瞩目的公司也是如此。这本书里详细记录了成就英伟达的历史关键节点，为何在创业之初就遭遇两次失败、如何在失败中重生、如何在重压之下坚持 CUDA 研发。这本书还记录了伴随这些历史的公司治理文化，为什么要用白板而不是 PPT 汇报，为什么员工没有固定小组而是跟随项目，为什么黄仁勋非要直接管理六十余人。这些重要"考古"，对当下许多公司很有借鉴意义。

王大力

金融职场自媒体"大力如山"主理人

我长期聚焦于金融行业年轻群体的职业发展，也一直好奇在职业发展上具备更先进理念的科技行业，这本书就为我们展示了科技行业翘楚英伟达的人才管理和培养方式：用白板开会取代PPT汇报，通过直接坦率的文化允许每位员工表达想法，用丰厚的薪酬当作员工付出的回报。这些方式，不仅能吸引人才、用好人才，还能让人才成长、留住人才。我想，这才是每家公司的管理者在员工职业发展上应该思考的方向。

深度导读

THE NVIDIA WAY

（排名不分先后）

英伟达成为一家伟大公司背后的"道"

魏少军

中国半导体行业协会副理事长
清华大学教授，2020年度"IEEE产业先驱奖"获奖人

1997年8月的一天，作为中国电子工业部访美团队的一名编外成员，我坐在硅谷一间简陋的创业办公室内，看黄仁勋眉飞色舞地向我们演示他的芯片如何在从太空获取的地球全景图上实现快速变焦，放大再放大，最终停留在我们所置身的房屋的屋顶上。在座的人，包括黄仁勋本人，当时应该都没有想到二十多年后，英伟达会成为第一个市值超过3万亿美元、在高性能计算领域超越英特尔、发展势头如日中天的芯片公司。

在我们生活的时代，一家成功企业背后的故事总是举世瞩目。人们期望了解企业成功的秘密，了解它的领导人是如何披荆斩棘带领企业走向辉煌。早前有通用电气和杰克·韦尔奇，后来有苹果公司和史蒂夫·乔布斯，今天有英伟达和黄仁勋，未来一定还会有新的明星企业和它的领导人出现。

我在工作中会时不时地给学生讲一些创业的故事，有时也在讲演中引用成功创业者的经历和名言，比如史蒂夫·乔布斯的think different。我知道每个成功的企业前面都站着一位成功的企业家。尽管成功是这些企业和企业家的共同属性，但成功的道路千差万别，正所谓"成功没有理

论，只有案例"。

　　《英伟达之道》在重复前人叙事风格的同时，尝试给出英伟达之所以能够成为一家伟大公司背后的"道"。显然，要读懂这个"道"就要进入黄仁勋的大脑深处，探索他的心路历程。这并不容易。相信二十多年前我见到的黄仁勋不能和今天的黄仁勋相提并论，但没有昨天的黄仁勋，又怎能有今天的黄仁勋？

　　我不想谈论这本书的内容，因为读者可以自己去品味。我的人生经历告诉我，了解书的内容很容易，但真正理解并产生共鸣很困难，有时候我们需要花费一生的时间才能真正领悟。《英伟达之道》介绍的英伟达和黄仁勋的创业之道、成功之道很难被复制，但肯定值得读者不断地咀嚼、不断地感悟，并转化为读者的"道"。

持续创新30年：
从显卡配套到AI最大赢家

苏金树

中国计算机学会（CCF）会士
CCF 数字图书馆编审委员会主任，互联网专业委员会荣誉主任

英伟达公司成立于 1993 年，经历了从无到有、从小到大的发展历程，其成长轨迹与我个人从事计算机科学与技术研究的实践高度重合。因此，当中信出版社给我寄来专家审读本时，引起了我的浓厚兴趣，吸引我快速阅读完这本书。这本书不仅记录了英伟达的技术创新和发展历程，也涉及许多我们耳熟能详的 IT 公司，如 Apple、IBM、DEC、SGI、SUN、CISCO、Mellanox 等等。它们都曾经辉煌，有的经历波折继续辉煌，有的逐渐淡出了人们的视野，还有的则发展平平。公司的兴衰成败给我们提供了宝贵的经验和教训，反映了 IT 行业的风起云涌和变幻莫测。因此，这本书既是一部英伟达成长史，又是一部美国硅谷 30 年左右的发展史，甚至是半部全球信息技术 30 年发展史的缩影。

这本书既有我们熟悉的信息技术发展脉络，也有很多我们不知道的技术竞争和转折的细节。不同的人读这本书，都会有自己的感想，正像一千个人心中有一千个哈姆雷特，我个人有以下体会。

第一，这本书告诉我们一个基本的事实，技术创新是企业发展的根本。无论是早期处理图形纹理的"前向纹理映射"，英伟达第一个大获成

功的产品RIVA 128中的128位内存总线,以创纪录速度生成像素的图形管道,以及同时能运行数千个计算线程的第一款真正的GPU——G 80,还是准备过程耗费十余年的"光线追踪技术",都是提高图形处理效果的真正的创新技术。CUDA软件和支持人工智能的GPU技术自然也是长期坚持的创新成果。此外,让我印象深刻的是,当意识到对手的产品技术能力比自己强时,硅谷企业会主动放弃原来的方案,去开拓新的领域和寻找新的机会,而不是采取价格竞争的办法。

第二,技术生态护城河的构建。当GPU在越来越多的领域取得成功应用,英伟达开始构建以CUDA为核心的软件护城河,从而使英伟达从卖显卡的公司变成软件公司。尽管这一步非常困难,甚至起初公司时任首席科学家大卫·柯克做了100多场演讲也无人问津,最后他不得不亲自带着GPU到各个大学授课,培训学生。随着计算机技术的不断发展,人们开始意识到GPU在并行计算方面的巨大潜力。英伟达敏锐地捕捉到了这一趋势,为了使得开发者能够利用GPU进行高效的并行计算,推出了CUDA。CUDA平台的推出不仅为英伟达带来了巨大的商业机会,也推动了GPU加速计算技术的发展和应用。许多企业和研究机构开始利用CUDA平台进行高性能计算和数据分析等工作。同时,CUDA平台得到了大量开发者和社区的支持,形成了一个庞大的生态系统。

第三,杰出科学家是公司创新的灵魂。2005年,英伟达的首席科学家大卫·柯克花了很长时间,把并行处理领域的泰斗——斯坦福大学计算机科学系系主任比尔·达利聘请到英伟达担任架构顾问,最后比尔·达利全职加入了英伟达。正是比尔·达利将并行处理的先进理念引入英伟达GPU,使英伟达获得了今日的巨大成功。当比尔·达利了解到谷歌的吴恩达利用2 000多个CPU构建了并行处理深度系统时,他做出了一个改变人工智能发展轨迹的判断——GPU会做得更好。果然经过努力,吴恩达等人用12块GPU就完成了该工作。事实上,GPGPU(通用GPU)当时被归类为计算加速器。除了可以加速深度学习,在超算领域也发挥了十分重要的作用。国防科技大学杨学军院士带领团队于 2007 年在国际计算机体系结构旗舰会议 ISCA 上发表题为"A 64-bit Stream Processor Architecture for Scientific Applications"(《面向科学计算的 64 位流处理器体系结构》)的学术论文,揭示了流处理器架构可大幅加速科学计算。该研究为拥有大量处理器核的 GPU 开辟了新的应用可能,也为超级计算机架构设计开辟了一条新的技术路径。中国第一次登顶国际超算 TOP 500 的天河计算机就是依靠 CPU+GPU 的异构结构。当时英特尔也是计算加速器的重要玩家,可能由于对发展趋势的误判,没有持续坚持该项工作。2013 年,黄仁勋意识到"深度学习将会非常重要",GPU 对人工智能的支持成为英伟达的头等大事,英伟达为此开发了大规模并行线程、16 位甚至 4 位浮点计算等短精度计算,以及对智能计算的大量专用引擎和设计进行了优化。GPU 服务器和 GPU 工厂的成功,给英伟达增加了计算机系统公司的标签。

第四,强烈的忧患意识。IT 行业技术发展迅速,市场竞争激烈,公司如果没有忧患意识,就很难在市场中立足。英伟达始终保持着强烈的忧患意识,时刻关注着市场动态和技术发展趋势。为此,英伟达公司里流行着"我们距离破产只有 30 天"的口号。这种意识让英伟达在市场中始终保持着敏锐的洞察力和灵活的应变能力。

第五,敏锐的技术洞察力。Mellanox 虽然有很好的网络技术 InfiniBand 等,但由于经营不善,2017 年董事会决定将其出售。英伟达最开始并不在候选收购名单中,当黄仁勋意识到网络对大规模智能计算的重要性时,他做出了必须赢得这场竞标的决定。2019 年,英伟达最终以 69 亿美元,每股 125 美元——略高于英特尔和赛灵思的每股 122.5 美元——赢得竞标。黄仁勋解释说,人工智能应用最终会需要成千上万台服务器相互连接并协同工作,而 Mellanox 行业领先的网络技术将是实现这一目标的关键。到 2024 年,全球各大科技巨头都在竞争构建万卡乃至 10 万卡系统,真是应了黄仁勋的预测。

第六,技术追求与董事会利润需求的平衡。英伟达坚持没有投资回报率要求，也没有盈利目标，唯一的追求是产品十分炫酷，这与美国其他大型科技巨头形成鲜明对比。正是通过长期对技术创新的追求和比别人快的节奏，英伟达赢得了竞争。"我们不抢市场份额，我们创造市场"是黄仁勋的口号。

第七，科技公司需要技术型CEO，而非职业经理人CEO。PC互联网时代的代表企业是"Wintelco"，即微软的Windows、英特尔的CPU、思科的网络三足鼎立；在移动互联网时代，苹果和谷歌双雄并列；到了智能时代，英伟达则在GPU、CUDA智能软件和网络三个领域一家独大。这本书认为黄仁勋作为技术型CEO，一直在公司保持非常活跃的技术引领和认真的倾听，因此能够敏锐地洞察技术发展趋势，在关键时刻抓住机遇。例如，让微软临时决定将游戏机Xbox配置英伟达显卡，让苹果公司改变决定从而使用英伟达显卡，等等。而反观英特尔，由于职业经理人CEO掌舵，在智能手机时代，英特尔拒绝了苹果公司希望提供智能手机芯片的橄榄枝，同时将XScale部门销售给其他公司，而XScale部门当时正在为移动设备开发低功耗的ARM处理器，因此英特尔完美错过了移动互联网和社交互联网时代，导致目前英特尔业绩平平。

第八，长时间、高强度的工作投入。当前信息技术发展非常迅速，所以要想取得成功就必须长时间、高强度地投入工作。英伟达的成功离不开公司全体员工的共同努力和付出。他们为了公司的发展和进步，经常加班加点、夜以继日地工作。这种敬业精神和奉献精神让英伟达在激烈的市场竞争中始终保持着强大的竞争力。书中提到，"英伟达的方法并非'魔法'，而是艰苦卓绝的工作和不讲情面的效率，一切都是为了保持竞争优势""快速迭代、更大视野"。

领跑AI时代的芯片巨头：
英伟达的进化之路

汪玉
清华大学电子工程系长聘教授、系主任

在人工智能飞速发展的今天，深度学习和神经网络的突破正在引领产业革命的新潮流。AI技术逐渐成为推动数字经济和产业转型的核心引擎，其应用范围从自然语言处理、计算机视觉扩展到智能制造、自动驾驶等多个领域，未来数年内更将深入更多传统行业，极大提升生产效率和创新能力。随着AI技术向通用性和智能化的演进，生成式AI和大模型等新技术不断涌现，推动着从"感知智能"向"认知智能"的飞跃。在此背景下，算力需求呈爆炸式增长，高性能AI芯片成为支撑整个AI生态体系的关键。英伟达等芯片巨头在软硬件加速技术上的创新，已成为推动产业升级、构建AI底层基础的核心竞争力。

《英伟达之道》深入解读了全球AI芯片领导者英伟达的成长发展历程：通过翔实的资料和丰富的采访，再现了英伟达三十余年来从图形处理到AI芯片的战略转型，系统阐述了其在技术创新、产品迭代和市场预判中的卓越表现。这本书记录了黄仁勋高超的企业领导力，首次披露了英伟达在多次危机中的绝地反击，深入剖析了英伟达敏锐捕捉技术趋势并迅速将其产品化的独特模式。"英伟达之道"包含对AI芯片创新模式

的深入解读、核心技术的深层分析，以及在全球产业链中的前瞻性布局等多重内容，总结了行业领先的战略性研发与迭代节奏，阐述了企业如何突破技术瓶颈、提升自主创新能力等关键问题。

英伟达的成功不仅源于其对技术趋势的敏锐洞察，更在于其坚持市场规律，基于稳健的现金流业务不断拓展生态和寻找新方向。这种策略不仅保障了企业的即时经济效益，更为其长期发展和行业领导地位的巩固奠定了坚实基础。这本书也表达了一个重要理念：在追求技术创新的道路上，持续创新和长期主义是缺一不可的。《英伟达之道》为相关从业人员提供了实际经验和前瞻视野的双重启发，为在科技领域追求长期发展的企业提供了宝贵借鉴和启示，为中国在关键领域实现科技自主、引领全球 AI 变革提供了有力参考。

寻找正确的非共识：
中小科技公司的突围之路

许英博
中信证券首席科技产业分析师

英伟达是科技史上最具有研究价值的公司，不仅因为公司在过去 20 年创造了市值超 1000 倍的涨幅，也不仅因为公司以 3.6 万亿美元市值成为当前全球市值最高的公司，更因为其是一家连续 30 多年与时俱进、持续引领产业趋势、仍具鲜活生命力的公司。

黄仁勋亲手缔造了 GPU 产品，将其打造成面向未来的下一代计算平台，并在智能计算市场上获得了绝无仅有的地位和巨大的商业成功。时至今日，英伟达仍是海外唯一一家独立的图形芯片公司，黄仁勋也是科技行业中任职时间最长的 CEO。

全球资本市场持续高度关注英伟达。一方面，英伟达已经创造了惊人的市值上涨奇迹，未来公司是否仍具有较高的投资价值？另一方面，英伟达的成功经验能否为中小科技企业的突围带来可借鉴的经验和启示，从而指导未来的科技股投资？

尽管英伟达的公司文化不鼓励回顾过去，而是专注于未来，但是，如果不了解英伟达的过去，你就无法真正理解它今天的成就。

《英伟达之道》系统性地回顾总结了英伟达的企业故事，溯源了黄仁勋的个人成长经历，剖析了其个人特质对公司文化和发展的巨大影响。在许多方面，英伟达和黄仁勋几乎是共生关系——英伟达就是黄仁勋，黄仁勋就是英伟达。黄仁勋挑战了以往对高管角色的分工，一人同时担任两种角色，既精通技术，又兼具成熟的商业头脑。在技术含量极高的半导体行业，他的双重角色很可能是成功的关键。

科技企业伴随科技浪潮浮沉，鲜有企业能够跨越多个科技浪潮，持续占据领先位置。是什么导致了科技企业的兴衰变化，什么才是最值得投资人重视的因素？在分析一家科技公司的时候，二级市场投资人往往关注其当期盈利和下一个季度的业绩指引是否超预期，并以此判断股价的未来走势。然而，英伟达的故事告诉我们，一家科技公司的CEO是否真正具备面向未来的趋势判断力和强大的执行力，才是事情的关键。

快速变化的科技产业，给CEO们提出了更高的要求。中小科技公司成长为大公司的突围之路上，需要CEO们尽快找到方向——"正确的非共识"，即在大公司打盹或者犯错的时候，提前抓住那些在未来将被证明为正确的大的浪潮和趋势。英伟达把握住图形处理的机遇，将其拓展至GPU，并用于科学计算；而英特尔没有。移动时代，苹果凭借iPhone定义智能手机，拉开移动互联网浪潮的帷幕；而微软没有。4G时代，字节跳动坚持投入视频赛道，成为移动互联网时代的新贵；而腾讯没有。

找到"正确的非共识"，只是事情的开始。高效的组织、强大的执行力是最终脱颖而出的保障。黄仁勋以其独特的方式管理公司，从零开始创建一个理想的组织。英伟达的组织形态，与美国大多数公司所谓的"最佳实践"完全相反。在英伟达，员工坚守"使命才是老板"的理念，可以专注于工作本身而非内部斗争，从而提升组织效率。英伟达的组织效率和创新速度远超竞争对手，这使得公司在残酷的市场中生存下来、蓬勃发展。

长期坚持研发投入是英伟达在科技产业长青的关键，也是中小科技公司集中优势资源异军突起的关键。黄仁勋说，只有持续投资研发，我们才能有一席之地。在高度技术化的芯片行业中，如果不投资研发，很快就会被淘汰，创新工程远比财务指标更加重要。与研发规模相比，在正确的方向上投入，做有效研发更重要。如果仅从研发费规模来看，英特尔的研发费规模是持续高于英伟达的，资源错配、目标不明晰、战略不连贯导致浪费和错配，英特尔研发的投资效率显然是不高的。有效研发，才能铸就最坚实的业务护城河。

针对以上三点思考，我摘录了书中有意思的几个案例。

一、"正确的非共识"从何而来

英伟达的两个关键法宝值得研究和借鉴："五大事项"电子邮件有助于尽早发展和明确战略方向，白板讨论有助于提炼事物的本质。

1."五大事项"电子邮件

在传统公司，高管会依赖下属提交的正式工作进展汇报。但英伟达的管理层认为，正式的工作进展汇报往往由净化过的信息组成，以致毫无用处。任何涉及争议的东西都会被删除，取而代之的是向上级呈现出一幅和谐的景象。

因此，黄仁勋要求组织中每个层级的员工向他们的直属上级和高管发送电子邮件，详细说明他们正在做的"五大事项"，以及他们最近在市场上观察到的情况，包括客户痛点、竞争对手活动、技术发展和项目厌恶的潜在可能。"五大事项"电子邮件成为黄仁勋的重要反馈渠道。它们使他能够提前发现市场中的变化。黄仁勋说，我在寻找微弱的信号，强信号很容易被捕捉到，但我希望在它们还是微弱信号的时候就能发现、拦截。那些后来被证明为非常重要或者有用的事情，最初往往是以弱信号的形式存在。

黄仁勋每天会阅读约 100 封"五大事项"电子邮件，快速了解公司内部正在发生的事情。"五大事项"电子邮件成为新市场机遇的洞察来源。当黄仁勋对一个新市场感兴趣时,这些电子邮件几乎实时地塑造了他的战略思维。

2. 白板交流,面向未来

PPT 演示可以通过漂亮的格式和误导性的文字隐藏不完整的思路,呈现静态信息,不利于协作或深入的讨论。在白板上,当有人没想清楚,或者基于错误假设进行推理时,问题无处可藏。白板使人们既严谨又透明。它要求人们每次站到白板前都从零开始,因此人们必须尽可能全面地、清晰地阐述自己的想法。

黄仁勋要求经理们用白板讲述他们的业务情况,解释他们的工作和业务的基本假设。这些讨论,并不是业务回顾,而是面向未来的。白板会议可以帮助高管提炼出事物的本质。他们都从一个空白的白板开始,他们必须忘记过去,专注于现在的重要事项。而且当他们完成展示后,无论想法有多么精彩,都必须把想法擦掉,然后重新开始。

二、扁平化组织

英伟达偏向于更扁平化的组织架构。黄仁勋认为,传统企业的金字塔式架构,与卓越背道而驰。许多大型公司被划分为多个业务单元,由互相竞争的高管进行管理。这些单元被锁定在长期的战略计划中,为了资源而相互斗争,导致多数组织行动缓慢,助长短期思维和内部的信息囤积。相反,高度扁平化组织,可以使员工更加独立地行动,也有助于淘汰不习惯独立思考的低绩效人员。

黄仁勋创建了一家他可以直接管理的公司。扁平化的架构、与公司大部分员工直接沟通,是确保每个人都了解情况的最好方法。业务的每个部分都协调一致,促进了透明和知识共享文化的形成。在 2010 年代,黄仁勋的高管团队中有40人向他汇报，这一数字后来增加到60人。在英伟达，经理们被灌输的理念是，不要有领地意识，也不要觉得他们"拥有"自己的员工，而是要习惯于员工在任务组之间的流动。这种做法避免了大型公司的内部摩擦。经理们不会觉得因为拥有大团队而获得权力。在英伟达，需要通过完成惊人的工作来获得权力。

黄仁勋发现，这些变革使英伟达变得更加快速、高效，形成决策也更快。每个人都可以听到他对高管团队说的话，员工无论级别如何，都有权参与决策。争论是基于信息、数据的质量和价值，而不是基于领导者的权威。扁平化的架构使黄仁勋可以把宝贵的时间用于解释其决策背后的理由，而不是用来裁决内部的各种争斗。扁平化不仅使每个人都专注于使命，也是培养基层员工的机会，向他们展示高级别的领导者应该如何思考问题。

英伟达成为一家成熟的公司，并不只是因为其收入规模、内部结构，以及员工的群体智慧。当黄仁勋学会如何持续地让组织远离内部政治导致的功能性障碍和混乱时，它就变得成熟了。通过诸如直接公开反馈、"五大事项"电子邮件，以及在白板上面而不是在PPT上展示想法等机制，英伟达为员工提供了强大的武器，使他们能够在不断追求准确性和严谨性的过程中，对抗群体思维和懒惰。

三、持续进行有效研发

1. CUDA的研发构建了英伟达的护城河

黄仁勋在人工智能军备竞赛的早期就意识到，竞争不只是看谁制造出最快的深度学习芯片，同样重要的是如何让软硬件基础设施协同工作。这需要尽早建立整个软件生态系统。CUDA是一个令人难以置信的成功故事。如今，已有超过500万的CUDA开发者，市场上大约有5亿个与CUDA兼容的英伟达GPU。该平台还支持后向兼容，这意味着开发者可以确信，他们在编写软件上的任何投资，都可以在未来的芯片上发挥作用。黄仁勋的战略智慧，确保了竞争对手很难打入一个由英伟达创建且实际上基于其专有硬件和软件的市场。

但在当时，CUDA 的研发耗资巨大！黄仁勋坚持在英伟达全产品线中推出 CUDA，而非仅在高端芯片中推出，确保用户可以把 CUDA 与英伟达 GPU 画等号。对于一项技术来说，使用它的人越多，这项技术成为标准的速度就越快，也就更容易占领用户心智。挑战在于，CUDA 不仅仅是一种软件，也是硬件的访问方式。因此，最佳方案是，CUDA 必须与 GPU 硬件一起设计。

2006 年英伟达推出 G80，同时推出 CUDA，并为此花费了大量的时间和巨额的资金。与每代芯片只隔 1 年相比，开发这款 GPU 计算芯片花费了 4 年，成本高达 4.75 亿美元，约占英伟达那 4 年总研发预算的 1/3。这还只是一个版本兼容 CUDA 的 GPU。

英伟达为了让所有 GPU 都能兼容 CUDA 投入了大量的资源，这导致其毛利率从 2008 财年的 45.6% 下降到了 2009 财年的 34.3%。2009 到 2011 财年，英伟达的毛利率都没有超过 40%。但是 2012 财年开始，公司的毛利率跃升且稳定在 50% 以上。

英伟达像一家科技公司那样运作，不因专注于利润率而牺牲创新，即使这可能会拖累其利润。公司坚定投资研发，在全系列芯片中推出 CUDA，铸就了长期坚固的护城河。如果当年英伟达仅将 CUDA 的使用限制在几千美元的高端显卡上，会导致 CUDA 的成本几乎与定制设计 ASIC 的成本一样高，也就不会取得现在的成功。任何一样新技术、新产品的普及，必然伴随其成本的显著下降。真正走入大众市场，是获得商业成功的关键。特斯拉的 Model 3 如此，英伟达的 CUDA 也如此。

2. 与当期利润背道而驰的长期研究小组

英伟达愿意坚持长期研发和投资，并成功地将这个过程中的努力进行商业化。以光线追踪为例，从概念提出到集成于 GPU 中历时 10 年。同样地，构建 DLSS 的连续迭代如帧生成历时 6 年。这样的长期研发需要远见卓识和定力。

光线追踪具备无可置疑的巨大的商业价值，但其难度也是巨大的。光的波粒二象性，使其成为计算机图形学中最重要的视觉元素，也是最难再现的元素。当时普遍的观点认为，由于 CPU 可以执行更广泛和多样化的计算，因此它在光线追踪方面比 GPU 更有优势。英伟达研究部门在成立 6 个月后进行了试验，结果表明，GPU 不仅已经强大到足以处理光线追踪计算，还能比当时的 CPU 更快。

英伟达研究部门被视为一个孵化器。如果某个技术成功了，会把它推出孵化器，变成一个产品。事实证明，坚持做难而正确的事情，最终会获得巨大的商业回报。

英伟达的策略简单有效，使黄仁勋与其他竞争对手区分开的因素也不难被理解，但这些却难以复制，因为其对科技公司的 CEO 提出了更高的要求：面向未来，远见卓识，持续学习，通晓广泛的技术领域，同时兼具优秀的管理才能。

黄仁勋令人敬畏。在每次会议上，他可能都是准备最充分的人。他也曾多次表示，如果对技术本身没有深入了解，他就无法有效履行自己的职责。他说："我们必须理解技术的基本原理，这样你才能直观地了解行业将如何变化。我们的推断能力和前瞻性非常重要，因为技术日新月异，但我们仍然需要几年时间来打造一个优秀的解决方案。"只有具备各领域的专业知识，才能决定支持哪些项目，估算这些项目需要多长时间，然后合理分配资源以获得最佳的长期回报。

这本书展现出完整、鲜活的英伟达，立体地呈现了黄仁勋的思维和特质，这些都值得我们学习和思考。未来，英伟达还会持续快速地奔跑下去，引领人工智能科技浪潮。同时，相信也会有更多的优秀中小型科技企业突围成长。期待下一个科技浪潮带来更多机遇！

英伟达的成功有偶然也有必然

李伟
长江商学院副院长、经济学教授

英伟达今天能取得如此高的市场地位,有偶然因素,但也是一种必然。

偶然之处在于英伟达赶上了接踵而来的部署大规模并行算力的风口,站在风口连猪都能飞上天,更何况是愿意长期投资研发的英伟达,而必然之处在于,黄仁勋作为企业家的独到眼光和不懈努力。

读完《英伟达之道》,笔者认为以下几个方面值得中国企业思考和借鉴。

首先,确立极高的工作标准并不断践行。在创业初期,黄仁勋就很擅长将各路优秀人才从相对封闭的计算机图形世界吸引到英伟达,并让他们相信自己可以大展拳脚,有机会创出一番大事业。

黄仁勋鼓励员工去冒险、去打破常规,以及去犯错,但是他也声明:不要重复犯同样的错误,那样的话,我们会毫不犹豫地解雇你。在公司黄仁勋时刻都在传达一个信息:长时间工作是追求卓越的必要前提。直到今天他依然没有改变这种观点,也没有放松对英伟达员工的要求。可见"996"也并非中国独有。

在工作中，黄仁勋要求所有的员工做到"光速"。他让英伟达的每个项目必须被分解成各个基本任务，每个任务必须有目标完成时间，这个时间不能包含延迟期、等待期或停工期。这相当于给项目设置了一个速度，一个物理上无法超越的速限——"光速"。

"光速"让英伟达在创业早期就始终能做到更快地进入市场，这样即使不能阻止竞争对手超越，也会让被超越这件事变得很难。

其次，不断引领行业标准，并持续构建核心生态系统。当英伟达还是家小创业公司时，黄仁勋就去跟英特尔谈判，让其选择一个更开放的标准。这不仅是英伟达的胜利，也是整个图形行业的胜利，因为有了开放标准，外设卡制造上就可以自行决定技术提升的步伐，而无须跟随巨头英特尔的脚步，而英伟达日后能不断去超越其他竞争者，也完全得益于这种开放的外围部件连接平台。

CUDA出现后，英伟达更加不遗余力地在CUDA上持续地高投入，打造出GPU结合CUDA生态系统，使得相关市场参与者非常依赖于这个生态系统。英伟达通过与高校合作、建立研究中心和教学中心、推出认证计划等方式，将CUDA引入教育和产业界，扩大其影响力。

随着越来越多的人使用CUDA，他们对GPU的需求也不断增加，这使得英伟达的GPU也成为通用并行数据处理器。从那时起，英伟达搭建的生态平台就成了其竞争对手难以逾越的"护城河"。英伟达的地位，也在芯片设计商中，在全美国乃至全球经济中，都看起来无懈可击。

近年来面对AI的兴起，英伟达针对AI和深度学习领域推出了众多CUDA的加速库，构建了一个强大的软硬件生态系统，"确保竞争对手很难打入一个由英伟达创建并实际上基于其专有硬件和软件的市场"。

最后，无疑英伟达之道的关键还在于黄仁勋本人。他不仅闯出了自己的路，还30多年如一日地亲自执行自己的高标准，并在日常运营中将问题化解在萌芽之前。黄仁勋的确是唯一能将英伟达带到今天这个位置的人。

笔者认为，对于一个企业家来说，他在经营中必须解决至少三个问题：一是判明自己的状况，搞清楚手中握有的资源和到底面临哪些约束性条件；二是思考市场的情况，要判断市场未来的发展方向，考虑开发何种产品以及如何生产才能赢利；三是将前两者结合起来，将有限的资源投入去开发价值最大的领域，获得可持续的尽可能多的利润，并在未来的市场竞争中占得先机。

这三个问题表面看起来并不复杂，但实际上每个问题的背后都是巨大的不确定性。对企业来说，这种不确定性意味着危险和机遇：做对了，企业会飞黄腾达；做错了，企业则粉身碎骨。

幸运的是，在运气、才华和技能的加持下，黄仁勋一直是那个对的人。他凭借着自己"纯粹的意志力"和惊人的商业交易手腕，一次次地拯救了公司，并为英伟达构建了又深又宽的"护城河"。他在英伟达建立了一种文化——重视技术才能、用机制激励员工全力以赴，最重要的是他自己也使出浑身解数，带领英伟达抵达了科技行业的中心。

不过黄仁勋更愿意将自己成功的最大单一因素，归功于"他愿意并且能够付出比常人更多的努力，同时能够忍受比常人更多的痛苦"。多年来，每当有人向他寻求如何取得成功的建议时，他给出的答案都是：我希望你们能够经历足够多的痛苦与磨难。

祝福英伟达，也祝愿《英伟达之道》能给更多的中国企业家带来乘风破浪的勇气和力量。

英伟达的技术
破局之道

张俊
中欧资本董事长，华为前副总裁

《英伟达之道》以翔实的历史与生动的案例展示了英伟达在技术领域屡次"破局"的关键策略。

一是技术前瞻与创新布局。英伟达率先洞察到 GPU 在图形处理之外的潜力，从游戏到深度学习，从自动驾驶到数据中心，其战略布局始终领先于行业趋势。书中揭示了技术领导者如何通过预判未来技术方向，塑造一个新兴产业生态。

二是研发驱动与产品迭代。从最早的 NV1 到改变行业规则的 GeForce，再到当前支持 AI 模型训练的 A100 和 H100 芯片，英伟达的成功源于持续的研发投入和对技术卓越的不懈追求。通过具体案例，书中详细探讨了技术创新与市场结合的最佳实践。

三是技术生态的构建与开放合作。本书深入剖析了英伟达如何通过 CUDA 平台、深度学习框架支持等技术生态构建，吸引开发者和行业伙伴加入，为技术创新开辟更广阔的应用场景。这种开放式创新模式为推动全球科技进步提供了重要借鉴。

四是创新文化与领导力的塑造。科技创新的背后离不开强大的文化支持。英伟达独特的"白板文化"展现了一种开放、包容但又极具执行力的创新环境，而黄仁勋作为技术领袖的远见卓识和坚定意志，更成为推动英伟达持续突破的核心动力。

这本书不仅是对一家伟大科技企业发展历程的细腻描绘，更是对全球科技创新规律的深刻解读。从人工智能的崛起到半导体技术的未来发展，这本书为科技创新从业者、企业领导者以及所有关注技术变革如何影响世界的读者提供了宝贵的视角和启示。

百年未有之大变局，中国人工智能产业面临新的机遇和挑战。不久的将来，中国也将会诞生一批以华为海思半导体为代表的与英伟达对标的公司，完成国产替代。

时代呼唤中国的"英伟达"。

金融赋能科技和技术驱动
资本增值的完美范例

张继强
华泰证券研究所所长

英伟达不仅是一家公司，甚至已经成为 AI 时代的一个符号。《英伟达之道》揭示了这家全球 AI 芯片巨头崛起的秘密，堪称经典之作。通过对英伟达从无到有、从濒临破产到市值突破 3 万亿美元的史诗般历程的细致描绘，这本书深入探讨了资本市场如何助力技术创新，并推动一家创业公司成长为全球最具影响力的科技巨头。英伟达的崛起是金融赋能科技、技术驱动资本增值的完美范例。书中的几个关键点尤其具有启发性。

第一，融资与资本运作的战略智慧：从早期风险投资的敏锐嗅觉到关键时刻的资本注入，英伟达在快速变化的市场中平衡长期愿景与短期生存需求。

第二，市场趋势与技术前瞻的精准结合：英伟达在 AI 浪潮兴起之前，便通过持续的研发投入和风险决策，布局 GPU 技术及其在人工智能、自动驾驶、云计算等领域的应用。本书展现了企业如何利用资本市场作为业务腾飞的杠杆，将前沿技术推向商业化巅峰。

第三，创新驱动下的资本回报：自 1999 年上市以来，英伟达以 33%以上的复合年均增长率成为资本市场的传奇案例。投资者如何从技术变革中捕获超额回报的机会？英伟达提供了可借鉴的路径。

第四，企业文化与领导者领导力对资本市场的影响：这本书详细阐述了黄仁勋如何以其独特的领导力和对未来的执着信念，塑造出"英伟达之道"的企业文化——高效执行、激进创新、透明问责。这种文化如何获得资本市场的信任和青睐，是书中令人深思的一大亮点。

《英伟达之道》数据翔实，案例生动，充满洞见，不仅是一部技术革命的商业史，更是一本为投资者提供策略启发、为创业者提供决策指南的智慧手册。对于任何希望理解科技与资本如何协同演进、驱动全球经济未来的人来说，这本书无疑是不可或缺的权威读物。

黄仁勋的"纯粹的意志力"

赵何娟

钛媒体集团创始人兼 CEO

最初从出版社拿到这本书的初稿，我本来以为只是一本普通的介绍英伟达企业光荣事迹的书，但看完第一章即爱不释手，也放下手中所有的事，一口气将全书认真读完。我看过很多关于英伟达和黄仁勋的报道，但这本书依然提供了非常多珍贵的未曾曝光的历史资料、上百名当事人口述和丰富的多方视角，也第一次系统性地还原了英伟达作为企业和黄仁勋作为个人在成长过程里的得与失。可以说这是全球第一本如此系统且完整讲述英伟达的书。

作者是一名跟踪英伟达多年的资深记者，我也是记者出身，然后自己创业，这让我时不时一会儿代入记者视角思考作者眼里的历史叙事方式，仿佛作者的采访对象也坐在我的对面，正在接受我的采访；一会儿又代入作为一名创业者和企业家的视角，思考自己和黄仁勋在创业和管理公司上的差距，思考为何黄仁勋在过去30多年里每一次遇到企业濒临绝境的关键节点，总能做出正确决策，力挽狂澜，不仅能战胜危机，还能把公司带上更高的高度。

在回溯他们的整个成长历程中，最让我印象深刻的是黄仁勋回答作者采访时的一句话——"公司成功的秘诀无非就是'纯粹的意志力'"。简单一句话却有着无尽的含义。

1. 两次危机成为英伟达登顶的最主要转折点

虽然过去 30 多年英伟达经历了无数次危机，黄仁勋的选择也有对有错，但我总结，有两次危机成为让英伟达获得今天巅峰地位的最主要转折点，且每一次都是黄仁勋顶住了内外所有人的质疑和内忧外患。在这个过程中，联合创始人离开了，股票也曾暴跌到让所有人怀疑人生，只有黄仁勋用他的资源和毅力扛了下来，也最终证明了他的远见。

第一次危机即彻底改变了黄仁勋在之后 30 年创业中的思维方式。20 世纪 90 年代，刚刚创业的三位联合创始人黄仁勋、普里姆、马拉科夫斯基已经在图形计算行业里享有盛名，他们都是天才级的大神，对自己要推出的第一款产品 NV1 无比自信，但现实狠狠打了他们的脸。这款用创业最初的几乎所有融资额全力打造的产品，在耗尽资金两年后一推向市场即全面失败，公司也因此面临即将资金链断裂的绝境。

在几乎即将破产时，黄仁勋扛起了重担，再次在市场上进行新的融资，几乎耗尽了自己在此前行业中积累的所有信誉。同时为了击败劲敌，他开始重新思考整个芯片开发的方式。他意识到 NV1 的设计是基于英伟达工程师的愿望，而不是市场需求。市场要的不是高超的炫技，而是需求解决的效率。普里姆作为技术天才，为芯片加入的专有标准展现了他的技术能力，但最终对制造商客户不友好。

黄仁勋要求英伟达的工程师顺应市场，而不是逆势而为。"各位，是时候停止'优化垃圾'了。"他对仅剩的员工说道，"现在的情况很明显，我们做的方向是错的，没人会支持我们的架构。"这种彻底自我否定的能力，对创业者来说非常罕见。

但要找到新的方法设计出新的产品并不容易。黄仁勋做出了一个大胆的决定：要用逼近"物理极限"的方式来设计芯片，做到同行都无法做到的水平才能拯救公司。最终在三位创始人的联合努力下，他们设计出了 RIVA 128。幸运的是，RIVA 128 成功了，获得了客户的订单认可。

所以这次危机不仅是通过一款产品扭转态势，更是奠定了整个英伟达长胜的企业文化基础。之后，这种企业文化也成了英伟达能够持续赢得市场的根基。

第二次危机发生在 CUDA 推出后。如今我们讲述英伟达为何成功时，常常提到 CUDA 是英伟达最重要的护城河。但事实上，从 2003 年开始研发 GPU 和 CUDA 到 2006 年推出之后的多年里，CUDA 一直是拖累英伟达财报的主要因素。

英伟达最终决定不为 GPU 注册知识产权，而是要让 GPU 这个概念成为和 CPU 一样重要的行业普遍标准。英伟达要做的就是成为 GPU 这一标准的领导者，并且要让所有客户、所有领域都能用上 GPU，而这一目标的实现就需要 CUDA，这是约翰·尼科尔斯（2011 年因癌症去世）生前在英伟达做出的巨大贡献。

"没有约翰·尼科尔斯，就没有 CUDA。他是我们公司最具影响力的技术专家，最终促成了 CUDA 的诞生。"黄仁勋说，"……是他向我解释了 CUDA 的真正含义。"但此举耗资巨大。英伟达在 2006 年 11 月推出了 NV 50，随后官方正式更名为 G 80，用于 GeForce 系列显卡，并同时推出了 CUDA。

英伟达在研发 G 80 上投入了大量时间和巨额资金。与每一代 GeForce 芯片之间只隔了 1 年相比，开发这款 GPU 计算芯片花费了 4 年。它的成本简直是天文数字，高达 4.75 亿美元，约占英伟达那 4 年总研发预算的 1/3。

这还只是一个版本的兼容 CUDA 的 GPU。英伟达为了让所有 GPU 都兼容 CUDA 投入了大量资源，这导致其毛利率从 2008 财年的 45.6% 下降到 2010 财年的 35.4%。在英伟达增加对 CUDA 投入的同时，全球金融危机也摧毁了消费者对高端电子产品的需求，以及企业对 GPU 工作站的需求。这两个压力综合导致英伟达的股价在 2007 年 10 月至 2008 年 11 月之间暴跌超过80%。

暴跌80%是什么概念？这几乎摧毁了所有投资者对英伟达，更准确地说对GPU和CUDA的信心。

当时50名华尔街金融分析师来到了位于圣克拉拉的英伟达总部，想听听黄仁勋和公司的投资者关系团队如何解释：当所有迹象都表明英伟达走上了错误的道路时，为什么华尔街依然应该继续相信它。整整一个上午，管理层都在详细介绍其将高性能GPU计算扩展到工业和医学研究应用等新市场的计划。公司估计，尽管当时的GPU计算市场几乎为零，但在未来几年内会增长至60亿美元以上。但这些介绍在几乎为零的市场占有率面前，显得是那么苍白而没有说服力。

投资者纷纷放弃了英伟达，只有黄仁勋坚信CUDA的市场潜力，即使投资者要求他进行战略调整，但他仍然坚持自己选择的路线。"我相信CUDA，我们确信，加速计算将解决正常计算机无法解决的问题。我们必须做出这样的牺牲。我对它的潜力深信不疑。"无论华尔街怎么逼他，黄仁勋都是这样一句话回复。

他孜孜不倦地向所有质疑者解释并付诸行动：GPU将是一个巨大的商机，它不仅能在游戏领域，还能在商业、科学和医学领域，释放出巨大的潜力。为了实现这一潜力并打造市场，他必须开发CUDA。

2. 英伟达超越同行的关键优势

第一个优势类似于苹果公司在iPhone制造方面的做法，英伟达也采用了"全栈"模式，优化了硬件、软件和网络等方面的客户体验。对比之下，大多数竞争对手只是专注于制造芯片。而且，英伟达的行动速度比竞争对手更快。

当谷歌科学家在2017年发表论文《注意力就是你所需的一切》时，黄仁勋几乎立刻就意识到，在英伟达的人工智能产品中添加对Transformer支持的必要性。英伟达前财务主管西蒙娜·扬科夫斯基记得，在谷歌科学家发表论文几个月后的季度财报电话会议上,黄仁勋就深度讨论了 Transformer。他指示 GPU 软件团队为英伟达张量内核编写一个专门的库,以优化张量内核在 Transformer 上的使用;该库后来被称为 Transformer 引擎。而这时,其他芯片同行,包括巨头英特尔都几乎还毫无意识。这导致,当 2023 年 ChatGPT 带动整个生成式人工智能需求爆发时,英伟达是唯一准备好全面支持这场爆发的硬件制造商。

英伟达的第二个优势是其定价能力,这一点鲜为人知。英伟达不想制造普通的大宗商品类产品,因为大宗商品类产品在价格上没有优势。从一开始,英伟达产品的定价就只有一个方向:上升(涨价)。"黄仁勋一直说,我们应该做别人做不到的事情。我们要为市场带来独特的价值,他认为通过做前沿的、革命性的工作,才能够吸引优秀人才,"英伟达高管杰伊·普里说,"我们不存在只追求市场份额的文化。我们更愿意创造市场。"

本书的另一大贡献是向我们展示了,黄仁勋作为英伟达的灵魂人物,其个人性格成长过程中所蕴含的成功因子。黄仁勋的性格坚忍,这种性格从他年幼时就得以展现。黄仁勋从小在美国亲戚家寄读,因个子瘦小而被同学霸凌,他因此养成了坚毅、忍耐、越挫越勇的性格,之后更是把这种性格贯彻到了公司管理中,几乎每一位员工都遭受过他风暴般的管理施压。这些都是"纯粹的意志力"的最好阐释。

理解英伟达，
理解科技行业的兴衰更替

季宇

行云集成电路创始人
曾任华为海思昇腾编译器架构师并入选"华为天才少年"计划

任何一个身处深度学习和大模型浪潮中的人都会对英伟达的商业帝国充满敬仰之情。作为 AI 芯片行业从业者，我从读博开始就一路同步见证着两件事情。

一方面是英伟达的 GPU 在过去十年逐步将过去二三十年整个计算机产业的王者英特尔挤到了一边，成为计算机产业最重要的公司，让我们有幸见证了计算机产业在悄无声息中发生的惊涛骇浪般的变化，英特尔甚至到今天都没有真正意识到自己是怎么输的。

另一方面是自深度学习爆发以来，无数 AI 芯片前赴后继试图在人工智能市场挑战英伟达，但纷纷折戟，甚至很多英伟达客户下场自研芯片，也难以撼动英伟达分毫。

这种长周期的兴衰更替既悄无声息，又惊涛骇浪：关于 GPU 何时变得比 CPU 重要了这件事，大家很难有个统一的观点，有些身处人工智能行业的人会认为 2012 年 AlexNet 时刻已经代表着 GPU 开始变得比 CPU 重要了，有些人会认为是 2016 年 DGX-1 发布时刻，还有些人认为是 2022 年 ChatGPT 时刻。这些观点可能都是对的。

这是芯片行业顶级的竞争方式：不是靠一款更强的 CPU 去替代英特尔的市场份额，而是推动计算机产业到达更高的高度，用 GPU 将不可能的场景变成可能，在新兴的需求层面解构了 CPU 的重要性。而过去十年无数 AI 芯片试图通过证明在 AI 应用上具备更强的能力，从而与英伟达竞争市场份额，这无疑在竞争方式上落入了前文所说市场份额竞争的陷阱，做替代品的低层次竞争方式自然也无法撼动英伟达分毫。正是这种对竞争方式的顶级理解，使得英伟达在整个芯片行业一骑绝尘。

上一次这种形态的兴衰更替是 20 世纪 80 年代从 IBM 大型机到 x86 体系的转变，不同的是，上一次的转变原因既有苹果公司在个人电脑市场的布局对现有格局造成的冲击，也有微软、英特尔的同心协力，还有 IBM 的战略失误，甚至包括了英伟达以及早期显卡市场为了将 3D 图形体验带到消费级个人电脑市场的共同努力。而这一次，英伟达独自布局和推动了整个转变，这需要惊人的战略思维能力。

很多人称赞说黄仁勋对行业发展有着惊人的预见性，赌对了赛道，提前数十年布局。在我看来，虽然这些评论本意是惊叹于黄仁勋长远的战略眼光，但这样的评论实际上还是把他的战略思考深度讲得太浅了：黄仁勋不是在预测未来，不是因预测计算机产业未来会发生 CPU 到 GPU 的转变而提前布局 GPU，他实际上是在创造未来，推动"CPU+GPU"的计算机形态取代以 CPU 为主的计算机形态，推动了 GPU 重要性的转变。推动这种转变的可以是 AI，也可以是元宇宙，还可以是生物医药，黄仁勋布局一切可以促成这种转变的应用场景。

我出生于英伟达创立那年，2010 年代之后才真正开始深入接触计算机和芯片，虽然有幸见证了英伟达大爆发的 10 年，但为了这 10 年，英伟达整整铺垫了 20 年。当时还是一家小公司的英伟达是如何通过 30 年击败了当年如日中天的英特尔的呢？我相信英伟达 30 年前的经历对如今投身于芯片行业，试图与当今如日中天的英伟达竞争的任何一家公司都有巨大的借鉴意义。过去几年我在网上翻遍了关于黄仁勋的采访，希望能更深入理解英伟达的整个发展历程以及黄仁勋的战略思考。

我也一直期待有这样一本书能够详尽介绍英伟达30年的商业史，给我提供一个更加全面的视角，深入理解英伟达如何一步步把计算机产业推到今天的高度。《英伟达之道》不仅提供了英伟达过去30年的发展历程，还从企业战略视角给读者提供了清晰的脉络。从中我们可以清晰地感知黄仁勋在战略视角上的不断升级。

最初的英伟达在3D图形芯片领域是通过跑得足够快来获得竞争优势，其中既有与同时期3D图形芯片竞争对手的较量，更有与英特尔的竞争。黄仁勋在及时取得了对其他3D图形芯片竞争者的优势后，仍然清醒地认识到来自英特尔的挑战，并且靠跑得足够快获得了竞争优势。几十年过去了，今天的"独立显卡"仍然是个人电脑市场中除了CPU唯一仍然能够保持"独立"的计算芯片，这看似自然而然的产业形态背后都是英伟达当年塑造出来的。《英伟达之道》翔实地描述了黄仁勋对英伟达的组织形态、企业文化的塑造，以及他对以"光速"工作的团队氛围的营造，给我们提供了从商业竞争到组织搭建等多方面、全方位的清晰的视角。

从3D图形芯片转向可编程通用GPU，以及打造CUDA和推广CUDA生态是英伟达最为人称道的历史。塑造全新软硬件体系不仅需要战略上的深入思考和魄力，还需要对创新和试错的内在文化的搭建。《英伟达之道》不仅详细介绍了转向可编程通用GPU的战略思考，还介绍了打造CUDA这种全新体系所必需的企业文化，以及在CUDA生态推广上所采取的策略和遇到的困难。

全面转向人工智能是英伟达走向巅峰的重要一环，也是黄仁勋为CUDA等了很多年的重要机会。这本书详细阐述了英伟达如何捕捉到这种早期信号并集合全公司的力量去点燃人工智能革命，搭建从技术研究到商业化的体系。

难能可贵的是，这本书不仅讲述了英伟达作为最引人注目的公司所有闪光的一面，还将英伟达在发展历程中乃至今天仍然存在的一些问题客观地呈现出来，包括英伟达在推广CUDA过程中和市场策略之间的一些矛盾、深度依赖黄仁勋个人等诸多方面。这让读者能更加真实地感受和理解英伟达之道。